AF310337

X. 3661.
B.

ORAISON FUNEBRE

DE TRÈS-HAUT, TRÈS-PUISSANT

ET

TRÈS-EXCELLENT PRINCE,

CHARLES-EMMANUEL III,

ROI DE SARDAIGNE;

Prononcée dans l'Eglise de Paris le 25 Mai 1773,

Par Meſſire César-Guillaume de LA LUZERNE,
Evêque-Duc de Langres, Pair de France.

A PARIS,

De l'Imprimerie de *GUILLAUME DESPRÉZ*, Imprimeur
ordinaire du Roi & du Clergé de France, rue S. Jacques.

M. DCC. LXXIII.

ORAISON FUNEBRE

DE CHARLES-EMMANUEL III,

ROI DE SARDAIGNE.

Præbete aures vos qui continetis multitudines …. judicium duriffimum his qui præfunt, fiet. *Sapient. cap. 6.*

Prêtez l'oreille, ô vous qui contenez les Nations …. un jugement très-rigoureux fera rendu fur ceux qui gouvernent.

MONSEIGNEUR, *

* MONSEIGNEUR
LE COMTE
D'ARTOIS.

LORSQUE du haut du Trône, où il les avoit élevés, le Tout-Puiffant renverfe dans le tombeau les Maîtres de la terre ; quel fpectacle frappant il donne aux Peuples ! quelle terrible leçon il fait aux Souverains ! Ces Arbitres refpectés des deftinées de leurs freres , abattus, dépouillés, jettés dans la foule de ceux qui ont été, attendent humblement dans le silence de la mort, les jugements de la Terre & les arrêts du Ciel. Sur leur tombeau s'éleve un tribunal, où les Nations, qu'ils ont jugées, pefent d'une main impartiale, leur adminiftration publique & leur vie privée, & prononcent l'irrévocable fentence qui les dévoue à la haine, ou leur affure l'amour public. Au - delà des bornes de leurs Etats, la renommée porte leur mémoire, & la fait comparoître devant l'Univers entier. Toutes les Nations l'interrogent fur ces qualités brillantes, qui changent dans les Guerres les deftinées des Etats, ou qui les balancent au fein de la paix ; & le compte qu'elle rend, décide le jugement févere qui inflige le mépris, ou décerne l'admiration des Peuples. Mais, foibles mortels, que font tous nos jugements ? Et ceux qui font jugés, & ceux qui jugent, & les jugements, tout paffera, tout fera oublié. Dieu a dit : *Je jugerai les juftices* (1). Au haut de fon Trône il attend les Rois. Il leur demandera ce qu'ils ont fait pour fon fervice & pour fa gloire : s'ils ont pratiqué fa Religion, & s'ils l'ont protégée : fi, par leurs Loix & par leurs exemples, ils ont fait refpecter les Autels de celui qui avoit élevé leurs Trônes : & ils entendront fortir de fa bouche, le redoutable arrêt qui les livrera à un éternel défefpoir,

____

(1) *Ego juftitias judicabo.* Pf, LXXIV, y. 3.

ou les élevera à une gloire fans mefure & fans terme.

CHRÉTIENS, fi, interrompant les Myfteres facrés, je parois dans cette Chaire, je ne viens, ni excufer des foibleffes, ni donner à des vertus fauffes, ou légeres, des louanges trompeufes, ou exagérées : de tels éloges feroient indignes de mon miniftere, inutiles à la gloire du Prince que je viens célébrer. A qui vécut fans reproche, le jugement le plus févere eft le plus favorable. Je viens vous redire, par quels bienfaits, par quelles vertus il a mérité l'amour de fa Nation ; par quelles qualités militaires & politiques il a enlevé l'admiration de tous les Peuples. Enfin nous oferons fonder les arrêts de l'Eternel ; & tremblant à la vue de fa juftice, nous trouverons des motifs d'efpérer en fa miféricorde. Le jugement de fon Peuple, le jugement de l'Europe, le jugement de Dieu, tels font les objets du difcours que nous confacrons à l'éloge de TRÈS-HAUT, TRÈS-PUISSANT ET TRÈS-EXCELLENT PRINCE CHARLES-EMMANUEL III, ROI DE SARDAIGNE.

FRANÇOIS, le Prince, dont la mémoire nous raffemble, n'a point vécu au milieu de vous ; & cependant j'ofe prétendre à vous infpirer de l'intérêt. Un Monarque accompli a des droits fur l'attachement de l'humanité entiere. Plufieurs de vous l'ont fuivi, ou rencontré dans les combats. Des rapports touchants l'uniffent à notre Nation. Il fut le Frere de cette Princeffe augufte, dont, après un demi-fiecle, le fouvenir excite

encore des regrets ſi tendres, dont nous aimons à rechercher les traits, dans des traits qui nous ſont ſi chers.
Nous revoyons dans le Palais de nos Rois une nouvelle
ADÉLAÏDE, dont la douceur & la bonté ont gagné tous
les cœurs. Déja s'arrêtoit une autre union ; déja, pour
célébrer cet heureux événement, l'allégreſſe des deux
Nations préparoit ſes Fêtes. CHARLES-EMMANUEL ne
les verra pas, ces jours ſi déſirés : il n'aura pas la ſatis-
faction de reſſerrer ces doux nœuds ; mais il s'étoit plu
à les former ; & ſes dernieres penſées ſe ſont occupées
de notre bonheur.

AUGUSTE rejeton du Sang de nos Rois, que des
titres chers & ſacrés doivent aſſocier bientôt à la gloire
de ce grand Prince ; la Providence, en vous plaçant
auprès du rang où il a brillé, vous impoſe des devoirs
ſemblables à ceux qu'il a remplis. Puiſſent les heureu-
ſes diſpoſitions que nous admirons en vous, développées
pour le bonheur des Peuples, vous rendre auſſi digne
que lui, d'être propoſé comme un modele ! Puiſſent
ſes vertus, tranſmiſes avec ſon Sang à une longue ſuite
de Princes, contribuer encore à la félicité de nos derniers neveux !

PREMIERE PARTIE.

N'Attendez pas de moi, Messieurs, que je déploie à vos yeux la gloire de l'augufte Maifon, qui, depuis huit fiecles, regne fur la Savoie, & qui compte autant de grands Hommes, que de Souverains. Eft-ce dans une Cérémonie, où tout rappelle la mort? eft-ce entre un Autel & un tombeau, que l'on doit encenfer les vanités humaines? Célébrons dans Charles-Emmanuel, non l'éclat qu'il a reçu de fes Aïeux, mais les vertus qui ont ajouté un nouveau luftre à fa Maifon.

Du jour où il s'affit fur le Trône, il fe regarda comme chargé, envers fa Nation, d'une dette immenfe, qu'il devoit payer à chaque moment, fans pouvoir jamais l'acquitter. Il ne crut point fe décharger du fardeau important qui lui étoit confié, en le dépofant entre des mains choifies. Nul n'eut d'influence fur fes décifions, que celle que donne la fageffe des confeils. On a vu fouvent, & pendant des années entieres, des Départements fans Miniftres, & le cours des affaires n'a jamais été ralenti. En vain, dans un moment où il voit fon Prince prêt à fuccomber fous une maladie lente, un ferviteur fidele lui repréfente, que fa confervation eft le bien le plus précieux de fon Peuple; en vain il le conjure, au nom de tout l'Etat, de donner quelque

relâche à ſes travaux accoutumés. Ecoutez, Chrétiens
de tout état, & vous, ſur-tout, que la Providence a pla-
cés dans des rangs plus élevés, & à qui elle a impoſé
des obligations plus importantes, écoutez, & ſoyez inſ-
truits : *Erudimini, qui judicatis terram* (1). » Appre-
» nez de moi, répond le Prince, que tant que Dieu
» nous laiſſe un reſte de force, il nous ordonne de l'em-
» ployer à nos devoirs. »

CET attachement ſévere à ſes devoirs, fut le princi-
pe qui régla conſtamment ſa vie. Il plia ſon caractere,
éteignit ſes paſſions : la nature l'avoit fait indulgent ;
peut-être trop facile : l'intérêt de ſon Etat le rendit
ferme ; quelquefois juſqu'à l'auſtérité. Il ſavoit qu'il étoit
redevable à ſes Peuples, & comptable à Dieu, de la
conſervation, comme de l'uſage de ſon autorité ; &
comme il la maintint toujours avec fermeté, il ne l'exer-
ça jamais qu'avec juſtice. Libre ſous ſa domination, le
tranquille Citoyen ſe permit ſans crainte, tout ce que
la Loi ne lui défendoit pas : & tel fut le reſpect du
Prince pour les Loix, qu'il aima mieux laiſſer un crime
grave impuni, que de permettre une peine qui n'étoit
pas prononcée par la Loi.

VICTOR-AMÉDÉE, ce Prince immortel, qui poſa
ſur ſa tête la Couronne royale ; qui balança les deſti-
nées de Louis XIV ; qui remplit l'Univers du bruit de

---

(1) Pſ. LI, v. 10.

fes exploits, l'Europe de fes négociations, fes Etats des monuments de fa fageffe & de fa magnificence; le plus grand, peut-être, des Héros de fa Race, digne d'être comparé à tous ceux de fon fiecle; Victor-Amédée avoit jetté les fondements d'une Légiflation nouvelle. Mais à quel mortel Dieu accorde-t-il des jours affez longs, pour perfectionner des projets auffi étendus? Il avoit réfervé au Fils de ce grand Roi, d'élever ce vafte édifice. Quarante années ont vu notre Prince préparer dans le filence ce grand Ouvrage; & le fruit de fes longs travaux, a été ce Code plein de fageffe, que l'Europe a vu avec admiration, que fon Peuple a reçu avec reconnoiffance, & qui affure encore à fa mémoire, les hommages de la poftérité la plus reculée.

La même fageffe qui dicta fes Loix, préfida à l'adminiftration de fes Finances. Né dans un fiecle où l'or, plus que le fer, décide de la deftinée des Etats; où les efforts exceffifs des Peuples ambitieux ont forcé leurs rivaux à de femblables reffources; funefte émulation, qui a produit l'épuifement de toute l'Europe; il fe vit entraîné dans le tourbillon univerfel. Raffurez-vous, Peuple opprimé par le malheur des temps : votre Souverain s'eft attendri fur vos maux : il ne reffentira de confolation, que lorfqu'il fera parvenu à vous foulager. » Vous me voyez, difoit-il à un de nos Concitoyens, » dans le plus beau jour de ma vie. » Et quel fut-il donc ce jour, le plus beau de tous ceux de Charles-Emma-

NUEL ? Fût-ce le jour où la Couronne brilla, pour la premiere fois, fur fa tête ? le jour où le Milanez acheva de tomber fous l'effort de fes armes ? le jour où fa valeur fixa la victoire dans les champs de Guaftalle ? le jour où de nouvelles Provinces agrandirent fa domination ? le jour où il vit naître au pied du Trône, l'Héritier deftiné à en foutenir la fplendeur ? le jour où il confomma cette union auffi chere à fon cœur, qu'au cœur du Fils d'Adélaïde ? Apprenez, Chrétiens, on ne fauroit trop le répéter devant les Princes, apprenez quel eft le jour le plus heureux d'un bon Roi. » Je viens, » ajoutoit-il, de délivrer mon Peuple des derniers impôts » que la néceffité des guerres m'avoit forcé d'établir. »

Une économie exacte & éclairée, veilloit en même-temps à la difpenfation de fes revenus. Il fupprima dans fa Cour le difpendieux & inutile appareil de ces Fêtes, que ramenoit chaque année l'ancien ufage de fes Prédéceffeurs. Mais dans les occafions qui intéreffoient la dignité de fa Couronne, il déployoit toute fa Majefté; & alors l'éclat des Cours les plus fuperbes, n'eût point éclipfé la fienne. Tout ce qui augmente la fplendeur réelle des Empires, fut l'objet de fes foins. Du haut de la tour de Nice il appelle le Commerce de toutes les Nations : un nouveau Port eft creufé, afyle fûr contre les prohibitions & les impôts, où, à l'ombre de fes Loix bienfaifantes, le Négociant, de toute Région, viendra fans crainte dépofer fes richeffes.

Des chemins, que l'ancienne Rome eût admirés, tra-verfent fes Etats ; & l'abondance parcourt librement tou-tes fes Provinces. Au milieu de Turin s'éleve une Ville nouvelle, rivale des Cités les plus floriffantes de la fu-perbe Italie. A l'extrêmité de fes Etats, les Villes offrent un fpectacle différent : les remparts menaçants qu'il éleva, impriment la terreur, & font refpecter fes fron-tieres. Ses délaffements même fe reffentent de la gran-deur de fes penfées : fes mains, fatiguées du poids du Gouvernement, fe repofent, en traçant les monuments de fa magnificence. A fa voix, les Artiftes célebres aban-donnent leur Patrie, pour aller embellir fon féjour : des Eleves, qui ont dû leurs talents à fa libéralité, revien-nent, au pied du Trône, mériter de nouveaux bienfaits.

De tous les objets de l'adminiftration, aucun n'échap-pa à fon activité. Ecoutez un témoin irréprochable des travaux affidus de CHARLES-EMMANUEL. CHARLES-EMMANUEL lui-même, dans le redoutable moment où la vérité exerce le plus févérement tous fes droits, en préfence du Dieu qui alloit être fon foutien, & peu après fon Juge : » Comme homme, difoit-il, j'ai eu beaucoup » de foibleffes ; & je n'ai d'efpoir que dans la miféricor- » de de Dieu : comme Roi, j'ai pu tomber dans des er- » reurs ; mais je n'ai à me faire aucun reproche. » Aucun reproche ! Ah ! Prince, la Nation qui vous a perdu, vous rend le même témoignage. Elle fe glorifie devant les Nations étrangeres, de vous compter entre fes Sou-

verains. Elle préfentera à tous vos Succeſſeurs, comme
un modele, ce Gouvernement fage, qui ne fe propofa
d'autre objet, que fon bonheur & fa gloire. Sa recon-
noiſſance tranfmettra à tous les âges cette affabilité bienfaifante, qui vous rendit toujours acceſſible à vos Peuples.
Quæſivit bona genti ſuæ, & placuit illis poteſtas ejus (1).

LES portes de fon Palais étoient continuellement
ouvertes à tous fes Sujets ; & le dernier des Citoyens
portoit librement fa voix au pied du Trône. On voyoit
ce bon Prince environné de fon Peuple, comme d'une
famille nombreufe. Il entendoit leurs repréfentations,
écoutoit leurs plaintes, foutenoit le foible, encoura-
geoit le timide, confoloit l'affligé, foulageoit le malheureux. Sa bonté augufte defcendoit avec eux aux dé-
tails les plus obfcurs de leurs affaires domeftiques : &
tandis que tous ceux qui l'approchoient, n'étoient
occupés qu'à lui plaire, il ne s'occupoit lui-même que
de leur bonheur.

Au fond de fon Palais, dans l'intérieur de fa vie privée, un fpectacle plus touchant encore attire les regards ;
un Roi qui fait avoir des amis. CHARLES-EMMANUEL,
qui, fur le Trône, avoit violenté la douceur de fon caractere, pour fe rendre inacceſſible à la féduction, n'en
fut pas moins fenfible au charme de l'amitié. Nom-
mons-les, ces vertueux Sujets, qui furent dignes d'être
les amis de ce grand Roi. Leur éloge n'interrompt pas

----

(1) 1 Machab. cap. XIV, y. 4.

celui

celui de leur Prince. Les larmes précieufes qui coulerent fur la tombe du Marquis de Saint-Germain, honorent-elles plus le Sujet qui les avoit méritées, ou le Souverain qui les répandit? En defcendant au tombeau, il entraîne avec lui un autre ami. Le Maréchal de la Rocca ne peut furvivre plus de trois jours au Souverain, au bienfaiteur, à l'ami qu'il a perdu.

Auguste Prince, héritier de fa puiffance, qui travaillez à confoler vos Peuples d'une perte dont vous ne ferez jamais confolé vous-même, vos larmes nous ont appris que ce grand Roi fut auffi être Pere. Trifte deftinée de ceux que la Providence fait naître pour les Trônes ! Ils refpirent en naiffant l'air corrompu des Cours ; leurs premiers regards tombent fur des courtifans ; les premiers accents qui frappent leurs oreilles, font des hommages ; à peine peuvent-ils favoir qu'ils font hommes ; & déja de vils adulateurs leur ont appris qu'ils font Princes, & appellés au rang fuprême ; les préceptes même font accompagnés de refpect ; les privations mêlées de complaifances ; & jufqu'à la vérité, tout prend autour d'eux la forme de la flatterie. Non, il n'y a qu'un Roi qui puiffe élever dignement un Prince deftiné à regner. On ne vit point, dans la Cour de Charles-Emmanuel, le dépôt facré de l'Etat abandonné à des foins étrangers. Les mêmes mains qui travailloient au bonheur du fiecle préfent, préparoient encore la félicité des générations futures.

C

IL n'eſt plus, ce reſpectable Pere; mais ſes qualités & ſes vertus brillent encore ſur ſon Trône : *Similem ſibi reliquit poſt ſe.* Il a eu la joie de voir ſe former ſous ſes yeux, l'eſpérance du bonheur futur; & il a quitté ſans regret la Couronne, qu'il laiſſoit ſur une tête digne de la porter : *Vidit & lætatus eſt in illo.* Il a vu ſon vertueux Fils ſe rendre digne du rang ſuprême, ſans le déſirer, & acquérir la ſcience de commander, en donnant l'exemple d'obéir; il lui en a rendu le glorieux témoignage. » Il me reſte, » a-t-il dit, dans ſes derniers jours, au Prince ſon Petit-Fils, » une inſtruction à vous » donner : Conduiſez-vous envers votre Pere, comme » vous apprendrez qu'il s'eſt toujours comporté envers » moi : » *Vidit & lætatus eſt in illo.* Le Fils de CHARLES-EMMANUEL n'a point encore jugé les Peuples, éclairé les Conſeils, dirigé les efforts des armées; & déja ſa réputation a rempli l'Europe. Il ſaura conſerver à ſa Maiſon la conſidération & l'influence que lui ont acquiſes le génie de ſon Pere & de ſon Aïeul : *Reliquit defenſorem domûs.* François, il nous eſt permis de ſuſpendre nos regrets par ces heureux préſages; notre Nation retrouvera, dans le cœur du nouveau Monarque de la Sardaigne, les ſentiments de ſon auguſte Pere. Sa bonté naturelle; l'accueil flatteur dont ſe glorifient nos Concitoyens; l'attachement qui l'uniſſoit au DAUPHIN, que nous pleurons encore; les gages précieux de ſa tendreſſe dépoſés au milieu de nous; tout garantit à la France la

conftance de fon amitié, & la fidélité de fon Alliance :
*Reliquit defenforem domûs, & amicis reddentem gra-
tiam* (1).

Mais quel événement inoui dans les faftes de l'Univers va porter l'alarme dans les ames fenfibles ? O amour
paternel ! ô piété filiale ! après avoir donné au monde,
dans la Perfonne de Charles-Emmanuel & de fon
augufte Pere, les plus grands exemples de tendreffe
& de générofité mutuelles, à quelles cruelles épreuves
étiez-vous donc réfervés ?

Jour mémorable ! jour immortel ! où Turin vit renouveller le grand fpectacle qu'avoit admiré Jérufalem ;
lorfque David, plein de jours & de gloire, conduifit
par la main fon Fils Salomon à la fuprême Puiffance.
Les Princes de la Nation, les Chefs des Armées, tous
les Hommes puiffants de l'Etat, convoqués par le Monarque (2), ignorant le motif qui les raffemble, attendent en filence les ordres que fa bouche va prononcer.
Au milieu d'eux s'éleve Victor-Amédée, & leur dit :
Mes Freres, mon Peuple, écoutez-moi : *Audite me,
Fratres mei & Populus meus* (3) ; entre tous mes enfants, (hélas, le Seigneur m'en avoit accordé plufieurs :
Filios enim mihi multos dedit Dominus :) il ne m'a

---

(1) Eccli. cap. xxx, v. 4, 5, 6.
(2) *Convocavit igitur David omnes Principes Ifrael, Duces Tribuum … &
robuftiffimos quofque in exercitu Jerufalem.* 1 Paral. cap. xxviii, v. 1.
(3) *Cùmque furrexiffet Rex & ftetiffet, ait : Audite me, fratres mei &
populus meus.* Ibid. v. 2.

conſervé que le Prince que vous voyez : il l'a choiſi
entre tous les autres, pour l'élever ſur le Trône de ſes
Ancêtres (1). Jurez-lui donc maintenant, en préſence du
Dieu qui vous entend, la fidélité que vous avez ſi reli-
gieuſement gardée à ſes Peres, & que j'ai moi-même
tant de fois éprouvée (2). Et vous, mon Fils, mon cher
Fils, n'oubliez jamais le Dieu de votre Pere : *Tu autem,
Fili mi, ſcito Deum Patris tui* (3). Agiſſez en homme ;
revêtez-vous de force ; armez-vous de courage : le Dieu,
qui fut mon appui, ne vous abandonnera jamais (4).
Pénétrée d'admiration & de ſenſibilité, la Nation entiere éleve ſa voix. Que le Seigneur, qui a porté ſi haut
la gloire de votre nom, donne, s'il ſe peut, à votre Fils,
un nom plus grand encore ; qu'il rende ſon Trône encore plus reſpecté & plus chéri : *Amplificet Deus nomen
Salomonis ſuper nomen tuum* (5) ; & ce Pere vénérable
répond à leurs acclamations par ces attendriſſantes paroles : Béni ſoit le Seigneur mon Dieu, qui a daigné aſſeoir
aujourd'hui mon Fils ſur mon Trône, & qui a donné à
mes yeux d'être les témoins de ce bienfait : *Benedictus*

---

(1) *De filiis meis filios enim mihi multos dedit Dominus ; elegit Salomo-
nem filium meum, ut federet in throno.* 1. Paral. cap. xxviii, v. 5.

(2) *Nunc ergo audiente Domino Deo noſtro, cuſtodite & perquirite cuncta
mandata Domini Dei noſtri.* Ibid. v. 8.

(3) Ibid. v. 9.

(4) *Viriliter age, & confortare, & fac : ne timeas, & ne paveas : Dominus enim Deus meus tecum erit, & non dimittet te.* Ibid. v. 20.

(5) 3. Reg. cap. 1, v. 47.

Dominus Deus Ifrael, qui dedit hodie fedentem in folio meo videntibus oculis meis (1).

A la fuite de ce brillant fpectacle, quelle trifte révolution vient fe préfenter à nos efprits? Non, je ne troublerai point la cendre augufte de VICTOR-AMÉDÉE ; je refpecterai la mémoire d'un grand homme, à qui cinquante années de travaux & d'exploits ont acquis le droit d'impofer filence à la Poftérité, fur un inftant d'erreur ; je refpecterai l'Aïeul de mon Roi, le Pere de mon Héros : & j'entends CHARLES - EMMANUEL lui-même, qui de la région des morts, me crie : Je te défends de faire un reproche à la mémoire facrée de mon Pere : garde-toi même de rappeller, ni les confeils qui forcerent ma réfiftance, ni les vœux d'un Peuple effrayé, auxquels je me crus obligé de déférer : dis quel fut toujours mon refpect pour l'Auteur de mes jours, pour fes volontés, pour fes principes, pour toute fon adminiftration : parle, fi tu veux, de ma douleur, qui dura autant que ma vie ; mais ne la réveille pas après ma mort. Je vous obéis, grand Prince : je me tais fur l'intariffable fujet de vos larmes ; & après avoir montré combien vous futes digne de l'amour que vous témoignent vos Peuples, je vais vous préfenter avec la même confiance, au jugement de toutes les Nations.

SECONDE PARTIE.

ON n'a vu que trop de Guerriers briller fur la fcene du monde : les Nations ont prodigué trop d'éloges aux Conquérants qui les ont dévaftées. Propofons à leurs applaudiffements un plus digne objet. Un vainqueur courageux, habile, humain, jufte : Peuples, voilà le Héros que nous préfentons à votre admiration : Princes, voilà le Roi qui a mérité d'être votre modele.

IL paroît dans les combats, & le premier effor de fa valeur étonne l'audacieux Villars ; & cet ancien Guerrier termine, fans inquiétude, fa brillante carriere, en remettant fes foudres à des mains qui fauront les lancer. Dans la plaine de Guaftalle, le premier coup d'œil de notre Prince lui découvre les lignes trop écartées : il refferre les rangs, & leur rend la folidité. Déja le voilà à leur tête ; il rallie les efcadrons renverfés ; foutient ceux qui chancellent ; arrête, ou prévient le défordre. Se précipitant enfin au milieu des ennemis, il confomme, par fa valeur, le fuccès qu'avoit préparé fa prudence. Eft-il parmi vous, MESSIEURS, quelque témoin de ce mémorable événement ? Ah ! fans doute il fe rappelle l'admiration & l'enthoufiafme qui faifirent les deux Nations, lorfqu'elles le virent, tout couvert de pouffiere, encore armé du fer qui avoit triomphé, reparoître à la tête des bataillons victorieux.

La médiocrité ne connoît qu'une maniere : le génie s'ouvre toutes les routes. Avec quelle supériorité, le génie de CHARLES-EMMANUEL se plia aux divers genres de combats qu'il eut à soutenir ? Dans sa premiere campagne, il fond sur la Lombardie ; & avant qu'elle ait pu être défendue, il en a fait sa proie. Voyez les Villes les plus puissantes assujetties ; vingt Forteresses soumises ; les unes renversées par la force de son bras ; les autres ouvertes par la seule terreur de son nom : & en moins de trois mois, au milieu de la saison la plus rigoureuse, un Royaume entier subissant de nouvelles loix.

ATTENDEZ. La révolution des temps ramene contre lui les mêmes Armées, à la tête desquelles il a vaincu : la supériorité du nombre, leur valeur si bien éprouvée, & sur-tout l'habileté de leur Chef, rendent nécessaire un systême de guerre entiérement différent. CHARLES-EMMANUEL se couronnera encore de cette nouvelle gloire. L'Europe vit avec admiration, sur un théâtre resserré, deux grands Rivaux mesurer leurs forces ; & sur ces montagnes célebres, où depuis tant de siecles on vient rechercher les traces d'Annibal, la Postérité viendra étudier les faits mémorables de CHARLES-EMMANUEL & de CONTI.

C'EST vous entretenir trop long-temps, MESSIEURS, de ces qualités brillantes, mais funestes à l'humanité. Louons dans CHARLES-EMMANUEL des vertus plus dignes du Sanctuaire & plus cheres à son cœur. Forcé d'acquérir cette gloire déplorable qui s'obtient dans les combats, il gémissoit de la devoir au sang de ses Sujets. Au milieu de sa victoire, sa premiere pensée est un sentiment d'humanité : ses premiers regards se tournent vers les malheureuses victimes étendues sur le champ de bataille, dont les accents plaintifs appellent les secours, & invoquent sa sensibilité. Il étend sa bienfaisance jusques sur ceux que le sort des combats a livrés entre ses mains : ils ne sont plus ses ennemis. Que les Habitants des régions qui furent le théâtre de ses combats, rendent justice à sa mémoire ; qu'ils nous disent, s'il imposa sur leurs têtes un joug onéreux ; s'ils éprouverent sous son autorité l'insolence de la victoire ; s'il ne défendit pas leurs toits contre la licence & la rapacité du soldat.

Le Prince sage gémira de se voir forcé à des guerres justes (1). Du sein de la victoire, Charles-Emmanuel appelloit la paix. Dès qu'il lui eut été permis de la donner à son Peuple, il ne s'occupa plus que du soin de la conserver, & laissa les autres Souverains démêler entre eux leurs terribles différends. Nous avons vu l'Europe courir encore aux armes ; & du feu qui embrasoit nos Royaumes, jaillir des étincelles, qui ont porté l'incendie dans toutes les parties de l'Univers. Au milieu de l'embrasement universel, les Etats de ce Prince ont toujours joui des douceurs de la paix. Vingt-cinq années se sont écoulées

____

(1) *Sapiens dolebit justorum necessitatem sibi extitisse bellorum.* S. Aug. de Civit. Dei, lib. XIX, cap. 7.

depuis

depuis que ſes heureux Sujets, tranquilles dans leurs foyers, voient renouveller dans leurs campagnes les riantes images, ſous leſquelles l'Ecriture dépeint un Gouvernement pacifique. La terre s'embellit de ſes riches productions; les arbres multiplient leurs fruits, & l'heureux Cultivateur ne craint point que des mains étrangeres viennent les recueillir : *Terra Juda dabat fructus ſuos, & ligna camporum fructum ſuum* (1). Les vieillards aſſis & raſſemblés dans les Places publiques, diſcourent entre eux du bonheur de la terre qui poſſede un tel Roi (2). Devant eux s'exerce la jeuneſſe revêtue de gloire, & dans ſes jeux elle repréſente les images de la guerre (3). Les villes devenues des vaſes d'abondance, reverſent ſur les campagnes, les richeſſes que les campagnes leur ont apportées (4). Le tranquille Citoyen, à l'ombre de ſa vigne & de ſon figuier, jouit d'un repos qui ne ſera point altéré. La ſageſſe du Prince, & la terreur de ſon nom, ont écarté de ſes frontieres tout ce qui pourroit les effrayer : *Sedit unuſquiſque ſub vite ſua & ſub ficulnea ſua ; & non erat qui eos terreret* (5).

Quel malheureux intérêt avoit donc pu diviſer deux Princes, que tant de titres réuniſſoient? deux Princes amis de la juſtice, amis de la paix ; deux Princes unis

---

(1) 1 Machab. cap. xiv, v. 8.
(2) *Seniores in plateis ſedebant omnes, & de bonis terræ tractabant.* Ibid. v. 9.
(3) *Juvenes induebant ſe gloriam & ſtolas belli.* Ibid.
(4) *Et civitatibus tribuebat alimonias, & conſtituebat eas ut eſſent vaſa munitionis.* Ibid. v. 10.
(5) Ibid. v. 12.

D

par d'anciennes alliances, par l'eſtime réciproque, par les liens du ſang. Exemple redoutable pour ceux qui ſont aſſis ſur des Trônes. Si dans cette juſtice terrible, que les Rois ſe rendent à eux-mêmes, l'un de ces deux Monarques s'égara, quel Souverain oſera ſe flatter de ne prononcer que des jugements juſtes ? Chrétiens, je puis parler hardiment de cette guerre : je n'ai à rougir, ni pour mon Roi, ni pour le Roi dont je célebre la mémoire, de leurs rivalités mutuelles. Sous des Etendards oppoſés, l'un & l'autre ſuivit la juſtice. CHARLES-EMMANUEL n'avoit point encore vu (& pouvoit-il l'imaginer ?) cet exemple éclatant de modération, que donna depuis notre Monarque ; lorſque, pour prix de ſes victoires, il n'exigea des Nations vaincues, que la gloire de leur donner la paix. Avant ce grand événement, qui a amené un nouvel ordre de choſes, CHARLES-EMMANUEL dut à ſa gloire, à ſon Peuple, à l'Europe, de ſe mouvoir par les grands principes de la politique univerſelle : il dut tenir la balance ſuſpendue entre la France & l'Autriche, & maintenir le diplôme célebre, qui, réuniſſant ſur la tête auguſte de MARIE-THÉRESE tous les Etats de ſa Maiſon, pouvoit ſeul conſerver l'équilibre.

CET art de balancer les forces des Empires, eſt une ſcience de nos jours qu'avoient ignorée nos aïeux. Dans le gouvernement féodal, où les Etats n'avoient d'activité que contre eux-mêmes, toute la politique étoit concentrée dans l'intérieur des Royaumes. L'ambition impétueufe de Charles VIII; les intrigues, tant reprochées par le fiecle, tant déplorées par l'Eglife, d'Alexandre VI & de Jules II; les rufes de Ferdinand; le génie puiffant, les projets vaftes & les forces démefurées de Charles-Quint, femblerent devoir établir des rapports plus étendus entre les-Nations. Que Louis XII, ou François I euffent été, ou moins généreux, ou un peu plus éclairés, la politique alloit naître; mais les temps n'étoient point encore arrivés. Dieu fufcita, pour éprouver fon Eglife, & pour punir les Peuples, cette fecte audacieufe qui ébranla les Autels & les Trônes, & qui, précipitant les Concitoyens aux combats, retarda les progrès de la politique, jufqu'à ce qu'enfin, après de longues années, il regarda l'Europe dans fa clémence. Il fouffle fur les Royaumes, & diffipe l'efprit de vertige, de divifion, de fureur, qu'il avoit laiffé répandre : les guerres inteftines fe calment; les Gouvernements prennent leur confiftance; ils commencent à fe regardet avec des yeux jaloux. Henri IV, trop tôt enlevé, n'a que le temps de former des projets. Sorti d'une minorité orageufe, fon fils les exécute. Richelieu, du cahos, appelle la politique. A fa voix, les parties difperfées fe raffemblent : un fyftême univerfel eft formé; il le fonde fur des principes, comme fur une bafe immuable; & pofe dans le Nord le contrepoids du Midi. Depuis cette grande époque, les maximes créées par Richelieu, confacrées dans Munfter par Mazarin & Oxenftiern, ont été la loi de tous les Empires. Réclamées par Guillaume III, elles armerent contre Louis XIV, l'Europe effrayée de fa grandeur ; la défarmerent, quand la mort inopinée de Joſeph fit redouter la puiſſance de ſon Héritier. Les alliances changeront toujours ; les Traités anciens pourront être anéantis ; mais les principes qui les dicterent, leur furvivront : ils maintiendront dans un équilibre conſtant les Etats comprimés les uns par les autres : & s'ils ne peuvent garantir les Royaumes des invaſions paſſageres, du moins ils les raſſurent contre les conquêtes durables.

CETTE ſcience profonde, qui diviſe les Empires & les réunit, qui les agite & les appaiſe ; qui, mieux que CHARLES-EMMANUEL, la poſſéda jamais ? Sa politique habile, noble & bienfaiſante, ne lui donne pas moins de droits à l'admiration de l'Europe, que ſes qualités militaires. Deux fois il a reculé les limites de ſes Etats ; & nul de ſes illuſtres Ancêtres ne peut ſe glorifier d'avoir autant agrandi ſa domination en Italie. Ce ne fut point aux circonſtances ſeules qu'il dut ces accroiſſemens de puiſſance ; ce fut bien plus à ce génie vigoureux en même-temps & flexible, qui ſut, tantôt faire naître les circonſtances, tantôt en profiter. Il avoit étudié tous ces Traités, que depuis un ſiecle & demi l'ambition des Souverains a ſi ſouvent conclus, rompus, renouvellés ; & ſur leſquels repoſe, d'une maniere ſi incertaine, la tranquillité de l'Europe. Il connoiſſoit

les droits de tous les Souverains, & leurs prétentions;
leurs intérêts & leurs projets; leurs caracteres & leurs paſſions; leurs forces actuelles, & le point où ils pouvoient
les porter; leurs richeſſes, leurs dettes, leurs reſſources;
l'influence de chacun des Miniſtres dans les Conſeils:
il étoit inſtruit de la ſituation des différentes Cours,
des reſſorts qui les faiſoient mouvoir, des intrigues qui
les faiſoient agir, & de tous les changements qui arri-
voient continuellement ſur ces mobiles théâtres. A ces
connoiſſances étendues, joignez les talents les plus pro-
pres à en profiter. Sa pénétration rapide ſur un mot,
ſur une circonſtance légere, ſur un fait qu'on croit
ignoré, perce les vues les plus profondes, & dévoile les
projets les plus cachés. Impénétrable lui-même, il tient
ſon ſecret renfermé dans le fond de ſon cœur, & n'en
laiſſe échapper, que ce que la prudence même lui ordonne
de découvrir.

Osons invoquer le témoignage auguſte des Maîtres
de la Terre: ces reſpectables témoins nous apprendront
quelle fut dans les négociations ſa franchiſe, ſa fidélité
dans ſes alliances. L'illuſtre Impératrice, Fille &
Mere des Céſars, qui, réſervée aux circonſtances
les plus difficiles où ſe ſoit trouvée ſa Maiſon, donne
à l'Allemagne le regne le plus glorieux qu'elle ait vu
depuis Charles-Quint, ſe rappelle ſans doute ce
Traité, dont les ſiecles anciens ne préſentent point
d'exemple: & puiſſe-t-il, pour l'honneur des Souve-

rains, fervir fouvent de modele à la Poftérité ! Lorfque ce grand Roi lui garantit fes Etats d'Italie, fur lefquels il avoit des prétentions, lui offrit de fe rendre fon défenfeur, en fe réfervant de devenir fon ennemi, & lui promit, que s'il fe déterminoit à la combattre, il lui donneroit le temps néceffaire pour préparer fa défenfe. Quelle idée, Messieurs, vous infpire de lui un Roi qui ofe faire une telle propofition ? Quelle idée avoit-il donc lui-même de la réputation de fa franchife & de fa générofité ? S'il étoit digne d'infpirer la confiance, Marie-Thérese étoit digne de la reffentir : elle fut juger Charles-Emmanuel, & ofa fe confier à lui.

La politique des Rois porte l'empreinte de leur caractere : celle de Charles-Emmanuel pouvoit-elle n'être pas bienfaifante ? Un droit contraire à l'huma-nité, à la juftice, à l'intérêt même des Etats, (fans doute il venoit des fiecles de notre ancienne barbarie,) s'étoit établi dans l'Europe. Dans tous les Royaumes, les fucceffions des Etrangers, acquifes au Fifc, deve-noient les héritages des Souverains. Auffi fenfible qu'é-clairé, notre Prince gémiffoit depuis long-temps de voir fon tréfor groffi des dépouilles de ces malheu-reufes familles. Entre tous les Souverains, il s'adreffe à celui dont l'exemple plus impofant entraînera plus fûrement tous les autres. Le premier Traité entre Louis & Charles-Emmanuel, pour l'ex-tinction de ce droit deftructeur, devient le modele d'une multitude de Traités. A ce signal, la servitude barbare s'abolit rapidement dans les différents Etats; ces barrieres odieuses qui isoloient les Nations, tombent de toutes parts; l'Etranger, rassuré, déploie avec sécurité ses talents, & ne craint plus que des mains avides viennent enlever à ses enfants le fruit de ses sueurs; le Citoyen de chaque Etat peut impunément devenir le Citoyen de l'Univers, & distribuer l'abondance à tous les Royaumes.

FRANÇOIS, Anglois, Nations si souvent divisées, si vos dernieres querelles ont été appaisées, n'oubliez jamais que ce grand Prince fut votre Conciliateur. Hélas! il eût voulu l'être de tous les Peuples; il eût desiré réunir l'Europe dans une paix éternelle.

SEIGNEUR, à vous seul peut appartenir cette gloire; vous seul suscitez les guerres, & les calmez; vous envoyez, comme vous l'avez annoncé par votre Prophete, de l'aurore & de l'aquilon, ces menaçantes nouvelles qui troublent les Royaumes (1); vous suspendez sur nos têtes ces orages qui grondent long-temps; vous les faites éclater quand & où il vous plaît, ou vous les dissipez de votre souffle. Seigneur, bénissez les intentions pacifiques du Monarque qui nous gouverne; que son expérience serve à l'instruction de tous les Rois; qu'ils apprennent, de celui d'entre eux qui a le plus long-

____

(1) *Fama turbabit eum ab oriente & ab aquilone.* Dan. cap. XI, v. 44.

temps régi des Etats, combien la gloire de la paix eſt ſupérieure à l'ambition des conquêtes, & la félicité des Peuples préférable à l'accroiſſement de la puiſſance. Mais s'il eſt dans vos deſſeins de livrer encore l'Europe au glaive, du moins uniſſez de plus en plus le Fils d'A-DÉLAÏDE & le Fils de CHARLES-EMMANUEL ; reſſerrez, multipliez encore les nœuds qui les attachent l'un à l'autre ; & le grand Prince, objet de nos regrets, applaudira du ſein de la gloire, où nous eſpérons que l'a placé votre miſéricorde.

TROISIEME PARTIE.

L'ESPRIT-SAINT a dit : *Dieu s'eſt arrêté dans l'aſſemblée des dieux ; le Dieu du ciel juge les dieux de la terre* (1). Ils ſont donc auſſi ſoumis à une autorité, ces Maîtres puiſſants, dont l'autorité ſouveraine domine ſur nos têtes : ils rendent à une Puiſſance ſupérieure l'obéiſſance qu'ils reçoivent de nous : & reportant à une ſource plus élevée, les hommages que nous leur déférons, ils reconnoiſſent, comme nous, leur dépendance, leur foibleſſe & leur néant. Il eſt ainſi, Chrétiens. *Un joug peſant a été impoſé à tous les enfants d'Adam* (2) ; & ce joug ſe fait ſentir plus fortement

---

(1) *Deus ſtetit in ſynagoga deorum ; in medio autem deos dijudicat.* Pſ. LXXXI, V. I.

(2) *Jugum grave ſuper filios Adam.* Eccl. cap. XL, V. I.

aux

aux têtes qui n'en supportent point d'autre : des devoirs plus étendus leur sont tracés ; des loix plus séveres leur sont imposées ; un jugement plus rigoureux leur est aussi réservé. *Judicium durissimum his qui præsunt, fiet.*

CE redoutable jugement, CHARLES-EMMANUEL l'a maintenant subi. Quel arrêt a-t-il entendu ? Nous avons bien pu être les interpretes de l'amour de son Peuple & de l'admiration de l'Europe ; mais le jugement sacré du Seigneur, ce mystere de justice, est impénétrable : il restera caché dans le sein de Dieu, jusqu'au jour où il sera manifesté à la face de l'Univers : pour la gloire de ce Prince ? Mon Dieu, nous osons concevoir cette espérance : la protection qu'il accorda constamment à votre sainte Religion ; une vie longue, consommée dans la pratique de vos loix ; voilà ce qui nous donne le droit de le louer devant votre Autel, & d'espérer, selon votre parole, *que la mémoire de cet homme juste sera immortelle, & qu'il n'a point entendu un arrêt funeste* (1).

DANS les conditions ordinaires, chacun de nous, comme dit l'Apôtre, *chargé de son propre fardeau* (2), *recevra le prix de son travail personnel* (3). Mais un Roi Chrétien n'est pas seulement un Sujet du Royaume

---

(1) *In memoria æterna erit justus ; ab auditione mala non timebit.* Ps. CXI, v. 7.

(2) *Unusquisque onus suum portabit.* Galat. cap. VI, v. 5.

(3) *Unusquisque autem propriam mercedem accipiet, secundùm suum laborem.* I Cor. cap. III, v. 8.

E

de Dieu ; il en est encore le Ministre, *Ministri regni illius* (1). Les jours sont arrivés dont parloit Isaïe, lorsqu'il prédisoit à l'Eglise, que les Rois seroient ses nourriciers : *Erunt reges nutritii tui* (2). Nous voyons les Rois de la terre unis par une sainte confédération avec le Roi céleste : *Regem cœlestem videmus fœderatos reges habere terrarum* (3). Souverains, souffrez donc que je vous adresse les paroles qu'adressoit un des plus grands Papes aux anciens Maîtres du monde : *Vous devez continuellement avoir devant les yeux cette importante vérité, que Dieu vous a donné la suprême puissance, non-seulement pour le gouvernement de la terre ; mais principalement pour la défense de sa Religion* (4). Et quand les Rois fermeroient l'oreille à la voix d'enhaut, qui leur impose cette obligation, l'intérêt de leur Etat, leur propre intérêt suffiroit pour leur inspirer le zele de la Religion. La Religion est à la fois, & le fondement solide, & le frein salutaire de leur autorité : c'est le gage sacré de la justice des Souverains & de la fidélité des Sujets ; c'est un lien puissant qui unit les Peuples entre eux, les Peuples avec leurs Rois, les Peuples & leurs Rois avec Dieu lui-même.

---

(1) Sap. cap. VI, v. 5.

(2) If. cap. XLIX, v. 23.

(3) *Sixtus III, epist. ad Joan. Antioch.* Concil. Tom. 3, pag. 1262.

(4) *Debes incunctanter advertere regiam potestatem tibi non solum ad mundi regimen, sed maxime ad Ecclesiæ præsidium esse collatum.* Leo, Pontif. ad Leonem August. Epist. 125.

Charles-Emmanuel protégea la Religion. Ses Provinces, défendues par fa valeur contre les ennemis de l'Etat, doivent encore à fon zele d'avoir été préfervées des attaques de tous les ennemis de la Foi qui les environnent & les menacent. D'un côté, l'incrédulité, après avoir défolé plufieurs Royaumes, étend la contagion jufqu'à fes frontieres; plus loin aux portes de fes Etats, l'héréfie a fixé fon fiege. O Eglife de mon Dieu! fous l'autorité de ce Prince vous ne ferez, ni méconnue, ni combattue. A tous ces efforts il oppofe, comme un bouclier impénétrable, fon zele. Les maximes funeftes qui ont traverfé les Mers, n'ont point pénétré au-delà des montagnes. Sur les limites qui féparent fes Pays des Pays infectés par l'héréfie, il multiplie les défenfeurs de la Foi : des Pafteurs pieux & éclairés veillent à la garde de fes frontieres : ils écartent l'erreur qui tenteroit de fe gliffer parmi fes Sujets, & tendent les bras aux brebis égarées. Ah! puifque du féjour de la gloire, les Bienheureux daignent jetter quelques regards fur les lieux qu'ils habiterent; puifque quelque chofe de mortel peut encore les occuper au fein de l'immortelle félicité; avec quelle joie le faint Evêque, qui, au commencement du dernier fiecle, convertit ces contrées, applaudiffoit aux efforts de ce grand Roi : avec quelle ardeur il fecondoit par fes prieres le zele augufte qui maintenoit dans la Savoie la Foi, qu'il y avoit autrefois rétablie!

De tous côtés éclatent les monuments du zele de

CHARLES-EMMANUEL. La Religion confignera dans fes faftes plufieurs Eglifes fondées par fa piété, & dotées par fa munificence : elle célébrera fa circonfpection à ne placer à la tête des Diocefes, que des Pontifes felon le cœur de Dieu ; la délicateffe & la frayeur avec lefquelles il exerçoit ce redoutable miniftere : elle fe rappellera, avec reconnoiffance, les égards & les diftinctions dont il honoroit fes Miniftres ; mais fur-tout elle louera cette protection éclairée qui lui affuroit la confervation de fes droits. On n'entendit point retentir dans fes Etats ces affligeantes querelles, qui tant de fois ont divifé le Sacerdoce & l'Empire. Il arrêta conftamment les uns & les autres Tribunaux fur les bornes antiques pofées par nos Peres. Il connoiffoit & favoit refpecter les droits des defcendants d'Aaron ; il connoiffoit auffi & favoit foutenir les droits des Fils de David. *Evêque extérieur, tuteur & vengeur des regles anciennes* (1), il ne fe prévalut point de fes titres pour introduire au fein de l'Eglife une autorité étrangere, pour dominer où il devoit protéger, pour déterminer les décifions qu'il devoit attendre : fes droits même les plus légitimes, il eut la délicateffe de ne les exercer qu'avec le concours de l'Eglife. Arrêtez, MESSIEURS, & fufpendez votre jugement, fi vous avez pu foupçonner fa condefcendance de foibleffe ou de fuperftition. CHARLES-

____

(1) *Epifcopus extra Ecclefiam* [*apud Eufeb.*] *tutores & vindices vetuftatis* [*apud Juftinian.*]

Emmanuel foible ou superstitieux ! Ah! dès ses pre-
mieres années, il avoit fait voir à l'Europe combien sa
piété étoit éclairée & courageuse. Des difficultés éle-
vées depuis long-temps entre les Cours de Rome &
de Turin ; un Concordat adopté d'abord, devenu depuis inutile ; des prétentions renouvellées ; une rupture
prête à éclater ; au milieu de ces circonstances, Charles-Emmanuel parvient au Trône. Situation délicate,
pour un Prince instruit de ce qu'il devoit à son autorité, mais sincérement attaché à l'Eglise. Respectables
Pontifes, qui représentez dans cette cérémonie l'Eglise
Gallicane, ce Prince religieux & éclairé, enfant sou-
mis du Saint-Siege, zélé défenseur des vrais principes,
transporta au-delà des Alpes nos saintes Maximes : il
apprit à l'Italie, par ses lumieres, à les connoître, par
sa fermeté à les respecter. Oui, Messieurs, la Cour de
Rome elle-même respecta la fermeté de notre Prince ;
& après douze années de résistance, il eut enfin la sa-
tisfaction de terminer par un accord juste, perpétuel,
honorable à l'Eglise, utile à sa Couronne, trois siecles
de contradictions.

Un Protecteur aussi attentif à la conservation des
droits de la Religion, pouvoit-il n'être pas zélé pour
la pratique de ses vertus? David, le modele des Rois,
se glorifioit en présence du Seigneur, de n'avoir admis
à son intimité que des ames vertueuses. Après un regne
aussi long, le Prince dont la mémoire nous rassemble,

pouvoit avec confiance répéter le Cantique de ce saint Roi. On ne vit point jouir de sa faveur ces êtres vils, si communs dans les Cours, mélanges d'ambition & d'avarice, qui font un trafic honteux de la plus noble des possessions, de l'amitié des Souverains : *Facientes prævaricationes odivi.* Il méprisoit le libertinage, & ne souffrit jamais dans sa familiarité des cœurs corrompus par la licence : *Non adhæsit mihi cor pravum.* Sur le théâtre des intrigues, des jalousies, des haines, on n'entendit point la voix de ces infames délateurs, qui pensent suppléer à la réputation qui leur manque, par ce qu'ils enlevent à la gloire de ceux qui les effacent : *Detrahentem secreto proximo suo hunc persequebar.* Il humilia le Courtisan superbe, & repoussa le Courtisan avide : *Superbo oculo & insatiabili corde, cùm hoc non edebam.* La probité, l'innocence, la Religion pouvoient seules prétendre à l'honneur de l'approcher & de le servir : *Oculi mei ad fideles terræ, ut sedeant mecum ambulans in via immaculata, hic mihi ministrabat* (1).

MAIS la premiere protection que les Rois doivent à la Religion, c'est leur exemple. Exhortations, préceptes, loix, menaces, châtiments, récompenses, foibles ressources entre les mains des Rois qui ne les secondent pas par leur exemple. Le Roi pour lequel nous prions, n'a point comparu devant le suprême Tribunal chargé

____

(1) Pf. c, v. 6.

de l'anathême de Jéroboam, pour avoir entraîné dans le péché les tribus d'Ifraël : il a préfenté au Seigneur le témoignage que rend l'Ecriture au faint Roi Jofias, que *pendant tout fon regne fes peuples ne fe font point écartés du Dieu de leurs peres* (1). Il marchoit à leur tête dans les fentiers de la vertu ; & pour ne point s'y égarer, il leur fuffifoit de le contempler & de le fuivre. Obfervateur exact des préceptes de la Religion, jamais il ne fe difpenfa des devoirs qu'elle impofe, ni des privations qu'elle prefcrit. Chaque jour le ramenoit dans les Temples, pour participer au redoutable Sacrifice. Dans la grande journée de Guaftalle, au milieu de la célébration des faints Myfteres, des cris tumultueux fe font entendre. Déja fe font avancés les ennemis, déja s'obfervent & fe menacent les deux armées. Impatients de combattre, fes guerriers accourent aux pieds des Autels, & le preffent de venir leur donner le fignal de la victoire. Non, vous n'arracherez point ce Prince religieux au pieux devoir qu'il s'eft impofé : un coup d'œil plus fûr lui a fait voir qu'il refte affez de temps pour prier & pour vaincre : & ce ne fera qu'après avoir mérité, par fa piété, la protection du Dieu des armées, qu'il ira la juftifier par fa valeur.

Pourquoi faut-il que je fois forcé de fupprimer la plus belle partie de fon éloge ? Que ne puis-je vous parler de

____

(1) *Cunctis diebus ejus non recefferunt à Domino Deo patrum fuorum.* 2. Paral. cap. XXXIV, v. 33.

ces vertus fans nombre, dont les actes les plus fublimes n'ont eu pour témoin que leur Juge, & ont été cachés à tous les yeux par fa profonde humilité? l'humilité d'un Roi! J'ai nommé, prefque fans y penfer, l'héroïfme des vertus chrétiennes: dans les conditions inférieures, c'eft l'effort d'une vertu commune; mais dans le rang fuprême, où les paffions n'ont de frein que celui qu'on leur impofe foi-même, où, indépendant de tout, on tient tout fous fa dépendance, où on eft continuellement averti de fa fupériorité par les hommages; c'eft là que l'exercice de l'humilité eft véritablement fublime.

CHRÉTIENS, vous venez d'entendre le récit des principales vertus de CHARLES-EMMANUEL. L'Hiftoire raconte les faits militaires d'un grand nombre de Héros. On a vu plufieurs fois des Princes agrandir leurs Etats par des Traités. Toutes les Nations ont leurs Légiflateurs. D'autres Rois habiles ont pu augmenter la fplendeur & la félicité de leurs Empires. Il n'eft aucun de vous qui ne connoiffe des ames fenfibles & bienfaifantes. Des perfonnages vertueux fe font fanctifiés dans tous les états. Mais le Prince qui fit toujours la guerre avec gloire, & qui toujours aima & chercha la paix; qui ajouta de nouvelles Provinces à fa domination, en infpirant la confiance à tous les Souverains; qui fit les Loix de fon Pays, & les refpecta; qui, ferme défenfeur de fon autorité, n'en abufa jamais, & qui fut allier à la magnificence qui annonce la fplendeur des Nations, l'é-

conomie

conomie qui les rend heureuses & redoutées ; qui, dans cette haute élévation, où tant de cœurs s'endurcissent, ressentit les tendresses du sang, les douceurs de l'amitié, le bonheur de l'affabilité & de la bienfaisance ; dont la piété vive fut éclairée ; dont le zele actif fut prudent, & qui ne cessa jamais de travailler à sa sanctification, sans perdre un seul des moments destinés aux soins de la Royauté ; qui réunit tous ces genres de mérite, & ne les dut qu'à lui-même. Parlez, siecle présent ; car vous êtes déja pour lui la postérité : parlez, dictez aux générations futures le jugement qu'elles doivent répéter. Nation qu'il a régie, ouvrez vos annales ; écrivez-y le jugement qu'a déja prononcé votre reconnoissance. Dieu, qui l'avez jugé, s'il a porté au pied de votre Tribunal quelque malheureux reste de la fragilité humaine, que les vœux de deux grandes Nations, que le sang de votre Fils acheve de fléchir votre justice ; & après nous avoir instruits par son exemple, réunissez-nous à lui dans votre gloire. *Ainsi soit-il.*

APPROBATION.

J'Ai lu, par ordre de Monseigneur le Chancelier, l'Oraison Funebre du Roi de Sardaigne, prononcée par Monseigneur l'Evêque de Langres. La Savoie, l'Europe, la Religion, ne pouvoient avoir un plus digne Interprete de leur juste douleur. En Sorbone, le 2 Mai 1773.

Du Voisin, *Professeur Royal.*

F

www.ingramcontent.com/pod-product-compliance
Ingram Content Group UK Ltd.
Pitfield, Milton Keynes, MK11 3LW, UK
UKHW020057100726
13658UKWH00004B/1810